I0751352

LES FRANÇAIS A JAVA, OU BANTAM SAUVÉ,

Mélodrame héroïque en trois actes, à grand spectacle, orné de chants, danses, combats, évolutions militaires, explosion, etc.; paroles de M. FOURNIER, musique de M. TAIX, ballets de M. HUS le jeune, mis en scène par M. RIBIÉ;

Représenté pour la première fois sur le théâtre de la Gaîté, le 20 messidor an XIII.

> Celui qui met un frein à la fureur des flots,
> Sait aussi des méchans arrêter les complots.
>
> ATHALIE.

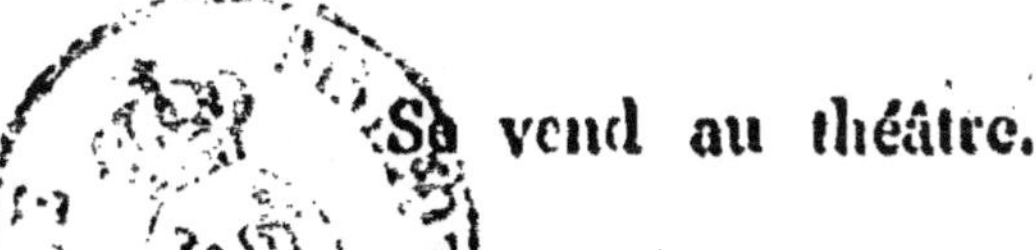

Se vend au théâtre.

A PARIS,

…rie de BASSET et MARTIN, rue de la Harpe, N.° 45.

PERSONNAGES.

	Noms des Artistes.
DAHEN, roi de Bantam. . . .	*M. Révalard.*
MÉHADA, première princesse du sang.	*M.lle Planté.*
ZULMÉ, sa sœur.	*M.lle Rivet.*
MONTALBAN, amiral français, naufragé, épris de Zulmé. . .	*M. Marty.*
DÉTERVILLE, capitaine de vaisseau, ami de Montalban, amant de Clémentine.	*M. Auguste.*
Le GRAND VISIR.	*M. Genest.*
ALI, chef des Eunuques, partisan de Méhada.	*M. Duménis.*
CLÉMENTINE, française, esclave du Sérail.	*M.lle Julie Pariset.*
Un officier de la garde du roi. . .	*M. Camel.*
Femmes du Sérail.	
Gardes du Roi.	
Troupes françaises.	
Esclaves.	

La scène se passe à Bantam, grande ville d'Asie, dans le palais du roi, situé sur le bord de la mer.

Nota. Le roi et les habitans de ce royaume, qui fait partie de l'île de Java, vivent sous les lois mahométanes.

ACTE PREMIER.

Le théâtre représente les jardins du Sérail; au fond on voit un péristile. Sur la droite est l'entrée du palais de Dahen; sur la gauche, celle du Sérail. Au lever du rideau, les femmes du sérail forment quelques pas en se groupant.

SCENE PREMIÈRE.

ALI, CLÉMENTINE, FEMMES *du sérail.*

ALI, *d'un ton flatteur.*

Bien, très-bien;.. je suis content, très-content;.. satisfait, très-satisfait... En ce moment, mesdames, vous ressemblez aux bien-aimées du Prophête.

CLEMENTINE, *gaiement.*

Quand le seigneur Ali veut être de bonne humeur, il exagère les éloges; mais quand il lui prend fantaisie de nous tourmenter, c'est bien l'eunuque le plus impitoyable de l'univers.

ALI.

Soyez juste, Clémentine; je fais mon devoir: si vous étiez plus dociles, mesdames, moins légères; si vous faisiez plus d'usage de votre raison, je serais moins exigeant, beaucoup moins sévère.

CLEMENTINE, *malignement.*

Vous ne savez guères apprécier notre sexe, mon cher Ali; mais songez donc qu'une femme n'est jamais plus piquante, plus aimable, que lorsqu'elle déraisonne.

ALI.

En ce cas, vous êtes la plus attrayante de toutes les femmes... Mais je ferais injure à vos charmantes compagnes, si je vous répondais sérieusement.

CLEMENTINE.

Que ne sont-elles dans les heureux climats qui m'ont vu naître!... Vos attraits, mesdames, y recevraient des hommages continuels, tandis qu'ici nous n'avons que le droit de nous ennuyer; aussi en jouissons-nous jusqu'à satiété!... En Europe, la scène serait bien plus variée; soins, prévenances...

ALI, *l'interrompant.*

Il me semble, Clémentine, que vous n'avez nullement à vous plaindre.

CLEMENTINE.

Non, parce qu'étant honorée de la protection, j'ose même dire de l'amitié des princesses Méhada et Zulmé, il vous est prescrit de me traiter avec plus d'égards... Malgré cela, mes compagnes sont infiniment plus heureuses que moi; elles ne sentent pas la privation du bien le plus cher au monde, la liberté... Jeunes et jolies, ce sont autant de roses que l'on transplante dans un jardin délicieux, et ce jardin fortuné, c'est un sérail... Au moins y conservent-elles leur paisible indifférence... Mais moi, je suis bien plus à plaindre, j'ai connu le pouvoir de l'amour.

ALI.

Ce doit être une bien belle chose que l'amour!... Sous ce rapport, votre position doit vous paraître plus désagréable que la leur; car elles ne peuvent désirer ce qu'elles ne connaissent pas: mais, croyez-moi, l'habitude fait tout... Et puisque nous en sommes sur le chapitre de vos malheurs, Clémentine, retracez-nous donc, je vous prie, les principaux événemens qui vous ont placée parmi nous; c'est toujours avec un nouvel intérêt que je vous en entends faire le récit.

CLEMENTINE.

Volontiers. Orpheline dès mon bas âge, vous le savez, un riche armateur, mon plus proche parent, prit soin de mes biens et de mon éducation; j'avais à-peu-près quinze ans, lorsqu'un jeune homme se présente pour obtenir ma main. Nos deux familles consentent à notre union; tout est prêt;.. un revers inattendu vient détruire en un moment le plus doux espoir!... Mon tuteur qui avait exposé sa fortune et la mienne, éprouve une perte considérable, et se voit ruiné s'il est obligé de me rendre compte... Plein d'ambition, il rassemble les débris de nos richesses, m'embarque avec lui, arrive dans le royaume de Bantam, où, dupe encore une fois de ses fausses spéculations, il perd tout... Pour dernière ressource, il me vend, et me laisse, en partant, un éternel esclavage.

ALI.

Oui, ce trait de pirate restera pour toujours gravé dans ma mémoire.

CLEMENTINE.

Les événemens les plus extraordinaires semblent m'être réservés. Dernièrement, une tempête affreuse jette sur nos bords un vaisseau français; le roi accueille les naufragés, traite leur chef d'une manière distinguée, et, malgré la rigidité des lois mahométanes, leur donne un asile dans son palais... Parmi les officiers de l'équipage, je retrouve, après cinq ans d'absence, l'homme à qui ma main était destinée...

ALI.

On voit souvent les projets les mieux combinés, ne produire qu'avec peine de tels effets, tandis que le hasard...

CLEMENTINE *l'interrompant, et reprenant, par gradation, sa gaieté.*

Laissons-là ces caprices du sort, et parlons du motif qui nous rassemble.... C'est aujourd'hui l'anniversaire de l'avénement de Dahen au trône de Bantam; voyons, que faut-il faire pour célébrer ce grand jour?... Qu'ordonne le seigneur Ali?

ALI.

Je n'ordonne point, j'invite.

CLEMENTINE.

Cela est nouveau!... fort bien!... mais, vous êtes charmant, au moins... vous vous formez..... Eh bien?

ALI.

Le sérail sera ouvert...

CLEMENTINE, *vivement.*

Tant mieux!

ALI, *gravement.*

Le roi et les grands de la cour y viendront; il faudra leur donner une haute idée de vos talens pour le chant, pour la danse.

CLEMENTINE.

Bien!... Après?

ALI, *toujours gravement.*

J'ai fait mettre en musique quelques pensées neuves, saillantes et très-analogues à la solennité. (*aux femmes.*) Vous savez, mesdames, que non-seulement notre illustre souverain célèbre l'anniversaire de son avénement au trône, mais que les lois exigent qu'il proclame la reine... Je vais vous lire les paroles que j'ai faites à ce sujet; puis, nous les chanterons.

CLEMENTINE, *aux femmes, le contrefaisant.*

Puis, nous les chanterons.

ALI, *avec emphase.*

(*Il lit.*) Chant de gloire, de majesté, de magnificence!... (*interrompant sa lecture.*) Ceci n'est que le titre des paroles que nous chanterons. (*Il poursuit.*) De magnificence, pour l'avénement de notre très-souverain, très-redoutable et très-redouté maître Jusuph Dahen, (*il s'incline profondément.*) au trône de Bantam; que le Prophête verse sur lui le lait et les roses du bonheur. (*après une pause.*) Voici les paroles. (*il déclame avec encore plus d'emphase.*)

» Ainsi que le Soleil sortant de l'onde pure,
» Tourne à l'entour de l'Univers, ...

CLEMENTINE, *l'interrompant, déclame d'un ton tragique, et finit en riant.*

» Seigneur Ali, voilà de mauvais vers,
» Et ce n'est pas ainsi que parle la nature. »

Si je voulais, j'en ferais de meilleurs.

ALI, *d'un ton piqué et railleur.*

Cela ne serait pas étonnant, vous êtes française.

CLEMENTINE, *avec grâce.*

Vous croyez plaisanter; chez tous les peuples, les femmes ont leur mérite.

ALI, *d'un ton moqueur.*

Voyons donc ces vers.

CLEMENTINE.

Volontiers. (*Elle dit sans affectation.*)

» Vous, dont la puissance suprême
» A fait trembler nos ennemis. . . .

ALI, *se retournant, l'interrompt.*

Chut !... chut !... chut !... ne continuez pas ; j'aperçois ces Français que le roi comble de faveurs.

CLEMENTINE.

En seriez-vous jaloux ?

ALI.

Non ; mais on les laisse jouir dans ce palais de prérogatives inouies... cela ne devrait pas être... Rentrons, mesdames, rentrons ; ces hommes-là sont dangereux.

CLEMENTINE.

(*à part, mais haut.*) Combien, en les voyant, je sens redoubler les tourmens de ma déplorable existence ! (*aux femmes.*) Allons, mesdames, rentrons ; le seigneur Ali n'ordonne pas, mais il nous invite à nous ennuyer. (*Les femmes, pour rentrer au sérail, font quelques pas et reviennent ; Ali les pousse, excepté Clémentine qui reste la dernière.*)

SCENE II.

ALI, CLÉMENTINE, MONTALBAN, DÉTERVILLE.

MONTALBAN, *aux femmes qui rentrent.*

Nous vous interrompons ?... c'est à nous de vous céder la place.

ALI, *poussant celles des femmes qui restent.*

Non pas, messieurs, non pas ; nous rentrons au sérail pour y continuer la répétition d'une fête.

CLEMENTINE, *ironiquement.*

Oui, nous allons composer sous la direction du seigneur Ali. (*D'un ton expressif, et faisant des signes d'intelligence à Déterville.*) J'espère qu'en courtois et preux chevaliers, les Français aujourd'hui se signaleront. (*Elle rentre ; Déterville lui répond par des signes.*)

ALI.

Permettez, messieurs, que je me retire... Vous n'ignorez pas, sans doute, qu'aujourd'hui l'on célèbre...

DETERVILLE, *l'interrompant.*

Nous savons cela... Et ce que vous ignorez peut-être, c'est que le roi a daigné nous honorer d'une invitation particulière, à prendre part aux fêtes de cette journée.

ALI, *saluant d'un air servile.*

Je vous en félicite, messieurs. (*à part.*) Quelle faveur !.. cela est inconcevable. (*il salue plusieurs fois en rentrant au sérail.*)

SCÈNE III.

MONTALBAN, DÉTERVILLE.

MONTALBAN.

Quelles mœurs ! quels usages !

DÉTERVILLE.

Combien ils diffèrent des nôtres ! et quel dommage que la princesse Zulmé, que la nature, dites-vous, se plut à orner de tant de charmes, soit née dans ces climats ! C'est une erreur... elle devait en embellir la France.

MONTALBAN.

Tu pourras en juger aujourd'hui, cher Déterville ; car les femmes, que l'usage tient ordinairement enfermées dans ce palais, permet qu'elles paraissent en public dans ces jours de cérémonie... Hélas ! pourquoi Dahen m'a-t-il affectionné au point de me faire jouir, contre toutes les lois mahométanes, du fatal honneur de voir chaque jour les princesses ?... que ne me traitait-il plutôt comme le reste de nos compagnons d'infortune ! je n'eusse reçu de lui que les secours offerts à l'humanité, et je n'aurais point perdu pour toujours la paix et le bonheur ! car, ne pense pas qu'ingrat envers lui, je déclare mon amour à l'adorable Zulmé..... non, les lois civiles et religieuses de Bantam s'opposent à ce que ma destinée soit jamais unie à la sienne ;.. il faut, au contraire, m'arracher de sa présence ;.. il faut partir le cœur plein de son image, mais exempt de remords.

DÉTERVILLE.

J'admire cette noble résolution, amiral ;... notre vaisseau est réparé, l'équipage est prêt ; nous pouvons quitter les États de notre bienfaiteur ; mais ne craignez-vous pas, par un départ trop prompt, de manquer aux égards, à la reconnaissance que nous devons aux généreux procédés du roi ?

MONTALBAN.

Il est vrai que ce départ pourrait lui donner de l'ombrage, et qu'il chercherait peut-être à en connaître la cause, quand je dois pour toujours la renfermer au fond de mon cœur : il faut donc différer.

DÉTERVILLE.

Oui, mais faites-lui pressentir que votre retour en France devient indispensable.

MONTALBAN.

Vingt fois déjà j'ai formé ce projet, sans jamais avoir eu la force de l'exécuter... à l'instant où je veux abandonner ces lieux, une puissance irrésistible m'arrête... et, malgré tous mes efforts, je sens que je ne puis briser les chaînes d'un amour qui fait mon supplice.

DETERVILLE.

Le dieu qui maîtrise les cœurs, souvent ne choisit pas les traits dont il les atteint; et lorsqu'il s'est trompé, il laisse au temps, à la raison, le soin de guérir ses blessures... Il me semble, amiral, que n'ayant pas fait l'aveu de votre flamme, et ne connaissant pas les sentimens de la princesse pour vous, votre amour, que n'entretient pas l'espérance, s'éteindra sans doute en vous éloignant de l'objet qui a pu le faire naître.

MONTALBAN.

Peux-tu bien tenir un pareil langage, toi qui as bravé tant de périls pour retrouver une amante que le sort t'avait ravie, et que le hasard t'a rendue?

DETERVILLE, *douloureusement.*

Ah! par pitié, ne déchirez pas mon cœur, lorsque je cherche à fermer les plaies du vôtre!... J'ai retrouvé ma chère Clémentine, il est vrai; mais, hélas! en quels lieux?... dans le sérail du roi de Bantam!... Clémentine n'a point changé; mais notre sort n'en est que plus à plaindre! Ne pouvant nous parler, un esclave fidèle, par le seul moyen qui reste aux amans infortunés, devient entre nous l'interprète de nos sentimens... Mais, voir l'objet que l'on aime, dont on est aimé; ne pouvoir épancher son âme dans la sienne, par respect pour les lois du pays qu'on habite!... se voir peut-être séparé pour jamais de ce que l'on a de plus cher au monde; est-il rien de plus douloureux?

MONTALBAN, *attendri.*

Rassure-toi, mon ami, tes cruels tourmens peuvent finir bientôt; j'espère que le généreux roi de Bantam ne me laissera point partir sans m'avoir accordé la seule grâce que je compte lui demander, la liberté de ton amante.

DETERVILLE, *vivement.*

Eh bien! amiral, puisqu'il en est ainsi, préparons notre départ; abandonnons un séjour qui pourrait nous devenir funeste, et ne nous exposons pas à des périls mille fois plus grands peut-être que ceux auxquels nous avons échappé sur les mers.

MONTALBAN, *surpris.*

Que veux-tu dire?

DETERVILLE, *toujours vivement.*

La vérité... Il se médite ici quelques grands forfaits... Clémenmentine, profitant d'un peu plus de liberté que pourra lui donner la cérémonie, a promis de m'instruire de tout avant la fin du jour... déjà elle m'a fait savoir que Méhada... (*On entend une musique.*)

MONTALBAN, *se retournant, aperçoit un nombreux cortége qui sort du palais de Dahen; il dit à demi-voix à Déterville, en lui serrant la main :*

Contraignons-nous... On vient... c'est le roi.

SCÈNE IV.

LES PRÉCÉDENS, DAHEN, *Gardes, Visirs et Seigneurs de la cour; corps de musique exécutant une marche.*

DAHEN, *apercevant les étrangers.*

Eh quoi! braves étrangers, déjà prêts pour nos fêtes?... Cette attention me touche. (*à Montalban.*) J'allais vous faire appeler, Montalban; j'ai besoin de vous consulter sur des choses de la plus haute importance. (*Il se tourne vers sa suite, et du geste la renvoie. Déterville, pendant ce temps, parle bas à Montalban, puis il salue respectueusement le roi, et se retire.*)

SCÈNE V.

DAHEN, MONTALBAN.

MONTALBAN.

Prince, je ne sais comment reconnaître les marques de confiance dont vous daignez sans cesse m'honorer.

DAHEN.

Vous le pourrez bientôt, cher amiral... Je viens vous faire part d'un projet que j'ai conçu depuis le moment où je vous reçus dans ma cour, et qui pourra s'exécuter aujourd'hui même, si vous me secondez.

MONTALBAN, *étonné.*

Parlez, prince; que faut-il faire?... je m'estimerai trop heureux si je puis vous servir.

DAHEN.

Je n'attendais pas moins que cette réponse de votre part: elle justifie pleinement et la confiance et l'amitié que je vous accorde.... Avant de vous faire connaître ce que j'ai résolu, il faut vous ouvrir le cœur du malheureux Dahen.

MONTALBAN.

Vous, malheureux?

DAHEN.

Eh! quel prince ne l'est pas?... On ne voit que le brillant d'une couronne, la pompe dont il faut que le monarque s'entoure, et cet homme, le premier d'un empire, en est souvent le plus infortuné.

MONTALBAN.

Quel langage étonnant, prince!... Je vous croyais au comble de la félicité. Respecté au-dedans et au-dehors du royaume le plus florissant de l'île de Java; vivant sous les lois mahométanes qui, aujourd'hui vous assurent la couronne, et vous donnent une épouse: peut-il vous rester quelques vœux à former?

DAHEN, *confidemment.*

Cher Montalban, connaissez mon sort... Quoique né d'une des plus illustres familles de cette île, je n'avais aucun droit à la couronne; mais après avoir remporté plusieurs victoires à la tête des armées dont j'avais le commandement, je fus assez heureux pour sauver les jours du roi, d'étendre à ses pieds celui qui s'était chargé de le poignarder, et qui levait déjà le bras pour le frapper... Le roi me combla de faveurs, m'honora de son amitié.....

MONTALBAN.

Tant d'actions éclatantes, jointes à l'estime particulière du roi, justifièrent sans doute aux yeux de ses sujets le choix qu'il voulait faire de vous pour les gouverner.

DAHEN.

En effet, peu de temps après, ce monarque, attaqué d'une maladie mortelle, fit assembler les grands du royaume: il leur rappela mes services, et me déclara son successeur, à condition que j'épouserais Méhada... Il n'y eut pas une voix contraire à ses augustes et dernières volontés... il mourut, et l'on remit le sceptre entre mes mains... Le triste événement de ce jour fit paraître à mes yeux, pour la première fois, la plus adorable des femmes,.. la belle Zulmé, (*Montalban fait un mouvement qui décèle son trouble.*) Son noble maintien, ses charmes, dont la douleur semblait encore relever l'éclat, m'embrasèrent du plus violent amour; et depuis ce fatal moment, il n'est plus de repos pour le malheureux Dahen!

MONTALBAN, *dans la plus grande agitation, et à part.*

Zulmé! Grands Dieux!... Quel nom vient-il de prononcer?

DAHEN, *se méprenant.*

Vous paraissez souffrir de ma pénible situation.

MONTALBAN, *avec trouble et sensibilité.*

Je partage les peines que votre cœur éprouve.

DAHEN, *d'un ton ferme.*

Il est enfin arrivé cet anniversaire de mon avénement au trône; ce jour que la coutume a fixé pour mon couronnement et mon hymen..... Oui, c'est aujourd'hui que les grands assemblés vont décider du sort de ma vie.... (*pause.*) Généreux Français, aidez de vos conseils un prince infortuné... Dans vos contrées, quand un monarque associe une épouse à son sort, est-il obligé d'obéir à des lois tyranniques, et ne gouverne-t-il que pour être le premier esclave de son empire?

MONTALBAN, *tâchant de rappeler ses esprits.*

Souvent la politique et les intérêts des peuples décident les princes à s'unir par les liens du sang; la cause des deux puissances, alors devient commune: soit en paix, soit en guerre, les grands intérêts se confondent, leurs peuples n'en forment plus qu'un, ils n'aspirent qu'à la gloire, et la gloire est tout en Europe.

DAHEN.

Ainsi l'on compte pour rien l'amour, la réciprocité des sentimens?

MONTALBAN.

Je ne dis pas cela, prince; presque toujours la renommée a publié d'avance les faits glorieux, les qualités du héros; les vertus, les attraits de l'épouse qu'on lui destine : et le plus ordinairement, le lit nuptial d'un monarque européen se trouve environné des myrthes de l'amour et des lauriers de la victoire.

DAHEN, *vivement.*

Montalban, cher Montalban, vous condamnez Méhada..... Jamais cette femme altière ne fera le bonheur du royaume de Bantam.

MONTALBAN.

Peut-être que de faux rapports éloignent de votre cœur une princesse digne de partager avec vous la couronne.

DAHEN.

Les flatteurs, je ne le sais que trop, rampent autour du trône; mais il est des hommes que l'on peut engager, à force de bienfaits, à nous éclairer du flambeau de la vérité.

MONTALBAN.

Ne vous y trompez pas, seigneur; ce jour est souvent plus affreux que ne le sont les ténèbres : un courtisan n'est jamais sincère.

DAHEN, *avec feu, et d'un ton ferme.*

Eh bien, amiral! puisque la vérité n'a point d'accès auprès du trône, que l'amitié, du moins, en soit le soutien... Je suis déterminé à m'affranchir du joug affreux que l'on veut m'imposer..... Entrons ensemble au Conseil.... combattons le parti qui va s'élever contre moi, quand je vais réclamer pour épouse celle que mon cœur a choisie; tous veulent Méhada pour reine... une invincible anthipatie m'empêche de souscrire à leurs vœux, et j'appelle au trône son adorable sœur. (*Montalban fait un mouvement qui exprime ce qui se passe dans son ame.*) Cher Montalban! (*d'un ton affectueux.*) viens déployer pour moi cette mâle éloquence qui t'est familière; parle avec cette force qui étonne et qui persuade : et si le langage de la raison ne se fait point entendre à ces cœurs endurcis, joins, s'il le faut, tes valeureux soldats aux miens; apprenons à ces califes tremblans que la volonté d'un Soudan devient, quand il lui plaît, la seule règle de sa conduite.

MONTALBAN, *à part.*

Faut-il que la reconnaissance me force à servir un rival ?..... (*douloureusement.*) Il m'a sauvé la vie, il me donne la mort!

DAHEN, *surpris.*

Eh quoi, Montalban, vous hésitez à me répondre?

MONTALBAN, *prenant une résolution.*

Loin d'hésiter, prince, vous me voyez prêt à tout sacrifier pour assurer votre bonheur.

DAHEN.

Je reconnais Montalban..... (*Musique.*)

MONTALBAN.

Ce bruit semble annoncer les apprêts de la fête.

DAHEN.

Oui, tel est le sort des rois ; une fatigante étiquette les force à montrer, au milieu des plaisirs et de la pompe des cérémonies, un front riant et serein, tandis que souvent leur ame déchirée, est en proie aux plus vives inquiétudes.

SCENE VI.

LES PRÉCÉDENS, LE VISIR, *entrant d'un côté*, ALI, *de l'autre.*

LE VISIR.

PUISSANT roi de Bantam, le Conseil n'attend plus que votre présence pour mettre en délibération le point important pour lequel il est convoqué. Déjà le peuple impatient de célébrer une époque aussi mémorable, se livre sans réserve à la gaieté qu'elle inspire ; et, jusque sous les portiques de ce palais, se porte en foule sur vos pas, en faisant éclater sa joyeuse ivresse.

DAHEN.

Loin de réprimer ces transports, je veux en être le témoin. Vous, Visir, informez les membres de cette assemblée que Montalban, cet amiral français pour lequel j'ai conçu autant d'estime que d'amitié, doit siéger aujourd'hui parmi eux. Allez.....
(*Le Visir sort, et sur un signe de Dahen, Ali appelle la fête.*)

SCÈNE VII.

DAHEN, MONTALBAN, DÉTERVILLE, ALI, CLÉMENTINE, *Danseurs et Danseuses.*

(*BALLET.*)

SCÈNE VIII.

LES PRÉCÉDENS, LE VISIR.

LE VISIR.

PRINCE, le Conseil jaloux de montrer son respect pour les moindres volontés de son souverain, admet l'amiral français.

DAHEN, *à Montalban.*

Ami, décidons mon sort ; marchons.

(*Dahen suivi du Visir et de toute sa cour, sort. Quand Montalban arrive près de Clémentine, celle-ci lui dit, en lui glissant un billet.*)

CLEMENTINE, *mystérieusement.*

Servez la princesse Méhada.

MONTALBAN, *étonné.*

Méhada! que veut-elle?

(*Ali a vu donner la lettre. Le reste de la fête défile. Au moment où Clémentine va rentrer au sérail, Ali l'arrête, et la ramenant sur le devant de la scène, lui dit avec mystère:*

ALI.

Dès que vous aurez quitté le cortége, rendez-vous seule ici, je vous y attends. (*Clémentine rentre.*)

SCÈNE IX.

ALI, *seul.*

Tandis qu'ils sont absens, tâchons, en travaillant pour nous, de nous concilier la bienveillance de la princesse Méhada. Ma fortune est assurée si je puis mettre Clémentine dans mes intérêts. Elle ne m'aime pas, je le sais; mais je parviendrai peut-être à la gagner. (*Il réfléchit.*) Il est un moyen sûr: éblouissons Clémentine par des promesses; qu'elle soit intéressée à me seconder, dans l'espoir d'être unie à son amant; que Déterville même se prête à tout ce que veut Méhada, pour posséder celle qu'il aime... Bon;.. pas mal trouvé... Oui, promettre, rien de plus facile; mais tenir?... Ah!... c'est autre chose.. Qu'importe, promettons toujours, nous verrons après... Justement, Clémentine revient; commençons par flatter sa vanité, en lui offrant un présent d'importance.

SCÈNE X.

ALI, CLÉMENTINE.

CLEMENTINE, *ironiquement.*

Peut-on savoir quel puissant intérêt me procure le sublime honneur d'un tête-à-tête avec le seigneur Ali?

ALI.

Le besoin de nous concerter sur des choses très-essentielles, Clémentine; et quoique vous ne m'aimiez point.......

CLEMENTINE, *l'interrompant.*

Mais, à vous parler sans feinte, vous n'êtes guères aimable.

ALI.

Au moins, vous êtes franche.

CLEMENTINE.

C'est un besoin du cœur.

ALI.

Je ne vous ai pourtant jamais desservie.

CLEMENTINE.

Non; mais vous vous plaisez à tourmenter toutes mes compagnes, et moi-même, que vous devriez ménager. Tout-à-l'heure encore, j'étais auprès de l'amiral français, vous me lancez un regard... mais un regard terrible..... Rien ne m'échappe..... Je ne vous aime pas, je vous le dis; mais, malgré cela, je ne vous veux point de mal.

ALI, *d'un air flatteur.*

Vous êtes si bonne!... moins de prévention vous rendrait plus heureuse.

CLEMENTINE.

Heureuse!... moi!... (*d'un air de pitié.*) Mon pauvre Ali, ma félicité ne dépend nullement de vous.

ALI, *fièrement.*

Cependant, d'un seul mot je pourrais embellir votre sort.

CLEMENTINE.

Ce serait vous venger bien noblement.

ALI, *d'un air patelin, lui présentant une bague.*

Ce brillant pourrait-il devenir le gage de notre réconciliation?

CLEMENTINE, *regardant le brillant.*

Il est beau. (*le rendant.*) Mais, tout magnifique qu'il est, je ne l'accepterai pas. (*avec fierté.*) Je suis loin de soupçonner la probité du seigneur Ali..... mais, quel peut être son dessein en m'offrant un si riche présent?

ALI, *un peu déconcerté.*

Ce n'est pas moi qui le donne.

CLEMENTINE.

Expliquez-vous?

ALI, *cherchant à la pénétrer.*

Mais s'il venait d'une puissance?...

CLEMENTINE.

Je me défie de la puissance qui cherche à séduire; elle ne peut être qu'injuste ou tyrannique.

ALI, *sur le même ton.*

Comment, vous ne devinez pas que la princesse Méhada seule peut vous donner un diamant de cette valeur?

CLEMENTINE, *d'un air étonné.*

La princesse Méhada!...

ALI, *finement.*

Sans doute... Cette surprise s'accorde mal avec la confiance dont elle a fait preuve envers vous ce matin, et à laquelle vous avez répondu, en vous chargeant d'une lettre pour l'amiral français.

CLEMENTINE, *vivement.*

Qui?... Moi!...

ALI, *plus vivement encore.*

Oui... que vous lui avez remise... je l'ai vu... Je sais que la princesse Méhada vous a fait des promesses qu'elle tiendra, si vous engagez Déterville à la servir auprès de Montalban... Parlons avec franchise... Supposons que votre haine pour moi soit implacable, soyez mon ennemie, puisque vous le voulez; mais réunissons-nous, par intérêt;.. le bonheur, voilà ce que je vous offre;.. ma fortune, voilà ce que je vous demande.

CLEMENTINE, *avec un air de bonté affecté.*

Si elle dépendait de moi, vous pourriez y compter.

ALI, *tombant dans le piége.*

Vous avez un bon cœur, et vous ne pardonnez point.

CLEMENTINE, *sur le même ton.*

Mais, vous êtes si sévère, aussi...

ALI.

Je le serai moins.

CLEMENTINE.

A la bonne heure.

ALI, *enchanté.*

Charmante!

CLEMENTINE, *vivement.*

Oui, mais je n'oublie point.....

ALI, *déconcerté et balbutiant.*

La rose piquée par l'abeille...

CLEMENTINE, *légèrement.*

Je ne suis point une rose, vous n'êtes point une abeille; nous sommes esclaves, vous, par usage, moi, par hasard... Venons au fait: les momens sont précieux, il faut les employer utilement. (*cherchant à le pénétrer.*) Puisque vous êtes instruit, vous savez comme moi le contenu de cette lettre, et ce qui détermine Méhada à faire une telle démarche. (*Elle observe Ali.*)

ALI.

Certainement..... (*d'un ton dur et sinistre.*) Pour exécuter, n'importe par quels moyens, le plan qu'elle se propose..... Nous nous entendions sans nous en douter.

CLEMENTINE, *observant toujours Ali qui fait à chaque mot des signes d'approbation.*

Oui, Méhada satisfaite, vous grand Visir, moi heureuse avec Déterville... (*à part.*) Monstre, j'ai ton secret, mais je saurai tout braver pour déjouer d'aussi lâches complots. (*haut.*) Je suis charmé de cet entretien. (*prenant la bague.*) Ce diamant, je l'accepte. (*lui montrant son bracelet.*) Et si ce faible présent pouvait vous faire croire à mon amitié, ce bracelet, changé de forme, embellirait le turban d'Ali.

ALI, *saluant.*

Je le reçois avec reconnaissance.

CLEMENTINE, *gaiement.*

Eh bien, je vous le donnerai. (*plus sérieusement.*) Rentrons pour nous occuper des intérêts de Méhada.

FIN DU PREMIER ACTE.

ACTE SECOND.

Le théâtre représente un salon ouvert par des colonnades, à travers lesquelles on aperçoit plusieurs pavillons chinois. Au lever du rideau, des femmes, portant des cassolettes, des parfums, des fleurs, sont groupées en attitude autour de Zulmé qui est à sa toilette. Pendant que Clémentine achève la parure de la princesse, les femmes font des pas de danse.

SCÈNE PREMIÈRE.

ZULMÉ, CLÉMENTINE, *femmes du sérail.*

CLEMENTINE.

En vérité, princesse, cette coiffure vous sied à merveille.

ZULMÉ.

Toujours des choses obligeantes, ma chère Clémentine.

CLEMENTINE.

Rendez-vous justice, et croyez qu'une princesse charmante inspire plus que le respect... l'admiration... Cependant, belle Zulmé, je voudrais vous voir moins sérieuse. (*arrangeant quelques perles dans sa coiffure.*) Dans votre parure, existe-t-il quelque chose qui vous déplaise?

ZULMÉ, *se regardant à la glace.*

Non... c'est bien... ces femmes sont prévenantes, et loin de contrarier leurs goûts, je leur sais gré de leurs attentions.

CLEMENTINE, *cherchant à la distraire.*

Vous n'avez point eu de chants à votre toilette: Pourquoi? ils raniment ordinairement la gaieté, et souvent sympatisent avec les dispositions du cœur..... Voulez-vous entendre quelques couplets qui vous donnent une idée de notre goût pour la parure.

ZULMÉ, *d'un air de satisfaction.*

J'y consens.

CLEMENTINE.

Air noté.

» La Française a l'esprit léger,
» Ainsi la forma la nature;

» Elle

» Elle est toujours prête à changer

ZULMÉ, *l'interrompant sans chanter.*

» D'amant ?

CLEMENTINE, *reprenant sur l'air.*

Non pas, mais de parure.

» La rose couronne son front,
» Un caprice l'a déplacée ;
» Un autre caprice aussi prompt
» Y fait briller une pensée.

» Les tissus les plus élégans,
» Où l'on voit les présents de Flore ;
» Les guirlandes et les rubans
» Souvent ne plaisent pas encore :
» Tout cède au plus simple linon,
» La beauté semble plus légère :
» Ainsi la charmante Ninon
» Des Grâces paraissait la mère.

ZULMÉ, *se levant après l'ariette.*

Les femmes sont donc bien heureuses dans vos contrées, chère Clémentine ?

CLEMENTINE.

Pour nous on voudrait inventer plus que le bonheur..... Mais, belle Zulmé, rien ne vous distrait ;... qui peut troubler la paix de votre ame ?... Autrefois la sensible Clémentine en connaissait toutes les peines... Aurais-je pu vous déplaire en vous parlant de la princesse Mébada, dont l'orgueil et la fausseté sont peut-être les moindres défauts ?

ZULMÉ, *d'un ton imposant.*

Doucement, Clémentine, doucement ; vous oubliez que cette princesse est ma sœur. (*Elle fait signe aux femmes de se retirer.*)

CLEMENTINE.

Ah ! pardon ; vous jugez son ame d'après la vôtre, et vous êtes loin de soupçonner les horreurs qu'elle médite... A chaque instant j'en découvre de nouvelles... Il en coûte à mon cœur de vous en faire l'aveu ;... mais le temps presse, nous sommes seules, et je dois parler... Connaissez Mébada... l'ambition la plus démesurée ; la douleur de se voir effacée dans l'esprit de Dalen, par la beauté modeste ; le désespoir de ne recueillir que ces hommages de cour, où le cœur et l'estime ne sont pour rien, ont allumé dans ses sens la plus violente passion ; son amour aveugle, impérieux poursuit l'amiral français ;... les crimes...

ZULMÉ, *frémissant et l'interrompant.*

Les crimes !

CLEMENTINE, *reprenant vivement.*

Oui, j'ose le dire, les crimes ne lui coûteront rien pour arriver au but qu'elle se propose... Elle m'a fait confidence de ses projets, et je feins de m'y prêter dans l'espoir de dérober à ses coups ceux dont elle a juré la perte... Elle va paraître; ses discours astucieux vous prouveront que je dis la vérité... Ne vous étonnez pas cependant de me voir affecter de prendre ses intérêts : il le faut pour vous servir, et peut-être vous sauver.

ZULMÉ.

Quel horrible tableau viens-tu d'offrir à mes yeux !... Je connais à ma sœur un caractère altier, qui semble éloigner d'elle tous les cœurs, si j'en excepte le mien... mais comment puis-je soupçonner, qu'oubliant son rang, ce qu'elle doit à son sexe, à nos lois, elle perde tout-à-la-fois Dahen et l'estime du peuple qu'il gouverne?... Aimer un étranger me semble un crime... je ne crois pas qu'il le partage... tu m'as parlé des Européens d'une manière qui me rassure; je les crois justes, pleins d'honneur, et sur-tout reconnaissans.

CLEMENTINE.

Vous leur rendez justice; bientôt vous les connaîtrez mieux. Apprenez que Déterville et moi..... Mais on vient... c'est Méhada. Songez à tout ce que je viens de vous déclarer, et comptez sur mon inviolable fidélité.

SCENE II.

MÉHADA, ALI, LES PRÉCÉDENS, *plusieurs femmes : Ali fait un signe d'intelligence à Clémentine.*

MEHADA.

AVANT que d'assister aux cérémonies usitées en ce jours, princesse, pouvez-vous m'accorder quelques momens d'entretien, où Clémentine et Ali ne seront pas de trop?

ZULMÉ.

Vos désirs sont des ordres pour moi, madame; il m'est doux de pouvoir y souscrire.

MEHADA, *d'un geste renvoie sa suite.*

Je vais donc vous parler librement... Les ames ordinaires, victimes de la crainte ou de leurs préjugés, ne savent rien hasarder; dès que la fortune semble leur sourire, elles s'empressent de la fixer; éprouvent-elles le plus léger revers, elles en sont abbattues, et finissent par végéter ici bas dans une obscurité dont elles ne savent pas même apprécier le bonheur. Les ames fortes au contraires, ne se défient jamais de l'avenir; l'adversité n'est pour elles qu'un mot vide de sens : en vain les passions cherchent à les dominer, elles savent leur imposer silence, et sacrifier leurs goûts, leurs penchans, leur bonheur même, pour assurer celui de leurs semblables. En parlant de ces ames, ma sœur, je veux peindre la vôtre; et, si je ne m'abuse point, je crois pouvoir lui comparer la mienne.

ZULMÉ, *interdite, balbutiant.*

Princesse, je suis confuse.....

ALI, *d'un ton flatteur.*

La nature voudrait avoir des couleurs plus brillantes encore pour ajouter à ce tableau.

CLEMENTINE, *gaiement.*

Si le seigneur Ali tenait la palette et les pinceaux, pour le coup, ce serait un chef-d'œuvre.

MEHADA.

Toujours gaie;.. elle doit vous amuser?

ZULMÉ, *regardant Clémentine.*

Un peu plus respectueuse, elle plairait davantage.

MEHADA.

Non, sa franchise me charme.

ALI.

C'est un ange de lumières que cette aimable française; elle est enchanteresse, et.....

MEHADA, *l'interrompant.*

C'est assez. (*à Zulmé.*) Poursuivons, princesse... (*à Ali.*) Ali, je connais ta prudence... (*à Clémentine.*) Clémentine, vous savez quel doit être le prix de votre discrétion... Ecoutez donc l'un et l'autre, et secondez un projet qui doit assurer le bonheur de ma vie. (*à Zulmé.*) Vous n'ignorez pas, ma sœur, que, par droit d'aînesse, je suis appelée à partager le trône de Bantam; qu'aujourd'hui même je suis proclamée reine... (*d'un ton affectueux.*) Eh bien, ma chère Zulmé, je viens te donner une preuve éclatante de ma tendre amitié... je viens t'offrir le diadême qui doit ceindre mon front... Sois l'épouse de Dahen, c'est Méhada qui t'en conjure. (*Clémentine, sans être aperçue, fait des signes à Zulmé.*)

ZULMÉ, *effrayée.*

Moi, princesse!... que me proposez-vous?

MEHADA.

Tu frémis, Zulmé, d'un pareil sacrifice: sais-tu bien l'apprécier?... Les chaines de l'hymen sont-elles donc si pénibles à porter pour un cœur libre encore et qui n'a point connu l'amour?... Non; et tu rougiras de ta faiblesse, quand tu connaîtras mieux le pouvoir de tes charmes; quand tu sauras que le bonheur du peuple de Bantam dépend de cette union.

ZULMÉ, *étonnée.*

Le bonheur du peuple de Bantam!

MEHADA.

N'en doute pas, Zulmé... La beauté peut retenir une main vengeresse, faire tomber l'épée d'un prince qui n'aspire qu'à des triomphes; adoucir son humeur guerrière; le rendre pacifique; le faire adorer des vainqueurs et des vaincus... Voilà, ma sœur, voilà la gloire qui t'est réservée.

ZULMÉ.

Combien cet espoir est doux et flatteur !... Pourquoi Méhada renonce-t-elle à remplir d'aussi brillantes destinées ?... Qui peut m'assurer que Dahen ?...

MEHADA.

Qui ?... moi !... moi, te dis-je... J'ai su lire au fond de son cœur ; j'ai su pénétrer son secret ; de toi seule dépend sa félicité... il t'adore, Zulmé.

ZULMÉ.

Se peut-il ?

MEHADA, *à Ali et à Clémentine.*

Ali, Clémentine, parlez ; Méhada vous l'ordonne.

ALI.

J'obéis. (*à Zulmé.*) Princesse, rien n'est plus vrai ; Dahen, le héros de Bantam, en vous reconnait son vainqueur.

ZULMÉ.

Est-ce un songe, grands Dieux !

CLEMENTINE.

Non, ce n'est point une illusion ; et pour la première fois, peut-être, le seigneur Ali dit la vérité. (*à Méhada.*) je l'avouerai, princesse, j'admire le généreux abandon que vous faites d'un trône où vous pourriez être assise auprès du plus puissant roi des Indes ; et j'ai peine à revenir de ma surprise, quand je pense à cette lettre que ce matin... mais je n'ose achever.

MEHADA, *avec feu.*

Ne crains pas d'avouer à ma sœur quelle passion plus impérieuse, plus conforme à mon caractère, a su triompher de mon ambition ; qu'elle sache que Montalban, cet amiral français que Dahen reçut dans sa cour, a captivé mon cœur ; que Zulmé, reine de Bantam, peut me rendre heureuse, et que Méhada sur le trône ne voit que le désespoir et la mort.

ZULMÉ, *avec modestie.*

Sans condamner des sentimens que vous ne fûtes sans doute pas maîtresse de réprimer, ma sœur, n'envisagez-vous pas quels obstacles s'opposent à l'accomplissement de vos vœux ?

MEHADA, *piquée de la remontrance.*

Je vous sais gré de vos réflexions, princesse ; mais au moment où je vous parle on décide notre sort. Si le parti que j'ai dans le conseil parvient à faire tomber le choix sur vous, acceptez, je me charge du reste ; et croyez que Dahen, flatté de vous posséder, saura reconnaître le sacrifice que je fais, par une condescendance aveugle à toutes mes volontés.

ZULMÉ.

Mais, les lois ?...

MEHADA, *fièrement.*

On peut les éluder.

ZULMÉ.

Mais, les peuples ?...

MEHADA, *sur le même ton.*

Qu'importe leurs clameurs !... Un esprit fort qui peut récompenser ou punir, sait toujours réprimer leurs excès.

ALI, *effrayé.*

Princesses, le roi s'avance.

ZULMÉ.

Ciel ! que va-t-il nous apprendre !

MEHADA, *à part, d'un air satisfait.*

Le conseil a fixé son choix.

CLEMENTINE, *à Zulmé.*

Allons, princesse, du courage ! sur-tout cachez le trouble qui vous agite.... dans un autre moment....

ALI, *qui a été au fond du théâtre, revient en disant :*

Voici le roi !

SCENE III.

LES PRÉCÉDENS, DAHEN, MONTALBAN, LE GRAND VISIR; *Gardes, Eunuques.*

DAHEN, *à Zulmé.*

PRINCESSE, le conseil d'un grand peuple, en proclamant sa reine, vient de fixer à jamais mes destinées ;... le puissant Mahomet a dirigé son choix ; puissiez-vous, en le ratifiant, me rendre le roi le plus fortuné de la terre ! C'est vous, belle Zulmé, c'est vous que l'on appelle au trône ; vos vertus, vos attraits méritent la couronne dont les lois aujourd'hui vous font hommage, et que mon cœur, depuis long-temps, vous avait décernée.

Ici le Grand Visir met un genou en terre, et présente à Zulmé la couronne sur un coussin ; tous les esclaves se prosternent.

MEHADA, *à part.*

Je respire !... Montalban a rempli mon attente !

DAHEN, *à Zulmé.*

Eh quoi ! vous vous troublez, princesse ?

ZULMÉ, *troublée.*

Seigneur, je l'avouerai ; cette faveur insigne à laquelle je n'osais prétendre... l'étonnement... la surprise... (*elle s'évanouit dans les bras de Clémentine.*) Clémentine, je succombe.

DAHEN, *effrayé.*

Les forces l'abandonnent ! (*prenant la main de Zulmé.*) Zulmé, belle Zulmé !... elle ne m'entend plus !... (*lui quittant la main.*) Malheureux Dahen ! aurais-je pu lui déplaire ?

MONTALBAN, *à part.*

Dieux ! quels tourmens !... quels combats affreux !

MEHADA, *à part, avec soupçon.*

Que veulent dire ces accens douloureux?... cet évanouissement?...

DAHEN, *à Ali et aux eunuques.*

Accourez tous;... prodiguez vos soins pour la conserver à mon amour.

MEHADA, *à Dahen, d'un air de dépit.*

Elle reprend ses sens, seigneur; les secours sont inutiles.

ZULMÉ, *se relevant à peine.*

Où suis-je?... à peine je respire!...

DAHEN, *passionnément.*

Ah! princesse, vivez pour mon bonheur.

MONTALBAN, *à part.*

Infortuné Montalban!

MEHADA, *regardant toujours Montalban, et à part.*

Mes soupçons seraient-ils fondés? (*haut à Zulmé avec aigreur.*) mais, songez donc, princesse, à ce que vous devez à Dahen!... son rang exige...

DAHEN.

Eh! qu'importe mon rang, madame; oubliez-le, et ne lui vantez que mon amour. (*à Zulmé.*) Belle Zulmé, daignez combler mes vœux!

ZULMÉ, *revenant à elle.*

Prince, dans l'état pénible où je me trouve, je ne puis répondre à tant d'honneur... permettez-moi, je vous en conjure, de me retirer pour quelques instans.

DAHEN.

Reine de Bantam, quelqu'un ici pourrait-il causer la contrainte où je vous vois? (*il lance un regard terrible autour de lui.*) Croyez qu'on ne le ferait pas impunément. (*d'un ton plus doux.*) Allez, belle Zulmé, quoiqu'il m'en coûte, je me rends à vos désirs.

SCENE IV.

LES PRÉCÉDENS, *plusieurs femmes.*

DAHEN, *leur montrant Zulmé.*

(*à Clémentine.*) Je vous confie le soin de ses jours. (*à Ali.*) Ali, tu m'en réponds sur ta tête. (*Zulmé, Clémentine, Ali, les femmes et les eunuques sortent. Dahen la conduit des yeux avec le plus vif intérêt.*)

SCENE V.

DAHEN, MONTALBAN, MEHADA.

DAHEN, *a Méhada, avec aigreur.*

Quoi! vous restez, madame?... sans doute que votre sensibilité aurait trop à souffrir de l'accablement où se trouve votre sœur ; autrement, qui pourrait excuser votre indifférence ?... Serait-ce le dépit de lui voir porter le titre de reine ?... Oh ! non... vous ne pouvez regarder d'un œil d'envie, sur le front de Zulmé, un diadème que vos refus y ont placé... J'ai su que le conseil, influencé par vous...

MEHADA.

(*à part*) M'aurait-il deviné ?... (*haut., d'un air embarrassé.*) Croyez, seigneur, que je prends part...

DAHEN, *l'interrompant.*

Mais, la reine m'inquiète !... Je ne puis résister à mon impatience !... je vous laisse un moment. (*il sort, Montalban va pour le suivre, Méhada le ramène.*)

SCENE VI.

MÉHADA, MONTALBAN.

MEHADA.

(*à part.*) MONTALBAN serait-il indiscret?... (*haut, hésitant en parlant.*) Vous avez assisté au conseil, Monsieur l'amiral?

MONTALBAN.

Madame, le roi m'ordonna d'y paraître.

MEHADA.

Il ne pouvait confier ses intérêts à un ami qui en fût plus digne que vous.

MONTALBAN, *saluant avec modestie.*

Madame !...

MEHADA.

Sans doute, la belle Zulmé a été proclamée d'une voix unanime?

MONTALBAN, *embarrassé.*

Permettez-moi de garder le silence, madame.

MEHADA.

Pardonnez mon indiscrétion... Les femmes, dans vos contrées, ont peut-être moins d'empressement à connaître les secrets de l'état ; mais celui-ci n'en est plus un, puisque le roi vient d'honorer ma sœur du titre de son épouse... Je suis loin d'envier son bonheur... il en est un seul où j'aspire, et auquel j'attache un bien plus grand prix... (*elle fixe Montalban, et hésite en parlant.*) Vous ne me parlez pas de cette lettre... que ce matin Clémentine...

MONTALBAN.

Je l'ai lue, madame... La foudre aurait produit sur moi un effet moins accablant.

MEHADA, *surprise.*

Expliquez-vous... je ne vous entends pas... auriez-vous mal saisi le sens de ce billet?

MONTALBAN, *éludant.*

Le respect que je vous dois m'empêche de vous répondre... de grâce, madame, ne m'interrogez pas.

MEHADA, *prenant le change.*

Vous aimez, Montalban, je le vois.

MONTALBAN, *avec l'effusion de la douleur.*

Hélas! il n'est que trop vrai, madame, mais sans aucun espoir... tout réduit mon amour au plus cruel silence.

MEHADA, *dans la plus grande agitation.*

Eh bien! je vais parler... Apprenez aussi que mon cœur a perdu sa tranquille indifférence.

MONTALBAN, *toujours préoccupé de Zulmé.*

Que vous devez souffrir, madame, si l'on ne vous porte pas le tribut d'un respectueux amour!

MEHADA, *fixant passionnément Montalban.*

Il ne me reste plus de vœux à former, si je possède votre cœur.

MONTALBAN, *s'apercevant de la méprise, s'écrie avec l'accent de la douleur :*

Ciel! que dites-vous? cet aveu redouble mes tourmens.

MEHADA, *stupéfaite.*

Vous m'étonnez... Je ne croyais pas qu'un brillant espoir pût devenir pour vous un présage aussi funeste.

MONTALBAN, *avec dignité.*

J'ignore de quel espoir vous voulez parler, madame; et si j'ai paru servir vos desseins, croyez que ce n'est que parce qu'ils favorisaient ceux du roi... J'ai payé cher ma dette à la reconnaissance... mais il est enfin consommé, ce pénible sacrifice... Il ne me reste plus qu'une victoire à remporter sur moi, celle de m'arracher de ces lieux, où je ne puis rester plus long-temps sans devenir coupable.

MEHADA, *détrompée, fixant Montalban.*

(*Pause.*) Tu dessilles mes yeux, ingrat étranger!... Ce n'est pas moi que tu veux fuir; je connais l'objet de ton amour... Tu feins de ne pas m'entendre!... Grands Dieux! qu'ai-je donc fait pour voir payer mes feux par les dédains les plus insultans? J'étais tranquille, tu m'arraches le repos!... les sentimens que tu m'inspires me font oublier toutes les convenances... Je te parle avec tout le feu d'une ame passionnée; tu ne me réponds que par des mépris. Faible, et sans défense contre moi-même, je t'offrais plus qu'un trône pour celui qui sait aimer... c'était la possession de mon cœur... homme froid et barbare, le tien est insensible... Que dis-je? non il ne l'est pas... un autre le possède tout entier... et cet autre est ma sœur!

MONTALBAN, *avec surprise, puis avec fierté.*

Votre sœur, madame! (*à part.*) Me serai-je trahi?... (*haut.*) D'où peuvent naître ces soupçons, et quel compte dois-je de mes sentimens, si l'honneur, la délicatesse et la reconnaissance savent les maîtriser?

MEHADA, *d'un ton de mépris.*

Astucieux français!... penses-tu m'abuser par cet adroit subterfuge, et crois-tu mériter ton pardon, en mettant le comble à la dissimulation ?

MONTALBAN, *d'un ton indigné.*

Mon pardon!... Avant de l'implorer, madame, apprenez-moi du moins quelle est l'offense?

MEHADA, *furieuse.*

Tu dédaignes mes feux : ce n'est point me faire injure ?...

MONTALBAN.

L'amour peut-il se commander?

MEHADA.

(*passionnément.*) Non, je ne le sens que trop. (*avec fierté.*) mais lorsqu'il est méprisé, il fait place à la haîne... (*avec fureur.*) tremble d'avoir outragé Méhada!

MONTALBAN, *avec fermeté.*

Vous pouvez disposer de mes jours, madame; mais non me faire changer de résolution.

MEHADA.

(*à part.*) Tout espoir est perdu! il a ma lettre: dissimulons... (*haut, avec une douleur affectée.*) Malheureuse Méhada! quelle est ta destinée?... trop tard je reconnais ma faute... Dépositaire de mon secret, je ne le sens que trop, Montalban peut dévoiler à tous les yeux l'avilissement où me plonge une passion funeste qui me rend odieuse à moi-même.

MONTALBAN.

Est-on avilie pour ne pas inspirer les sentimens qu'on éprouve? (*d'un ton respectueux.*) Pardon, madame, si ma douleur ne pèse plus ses expressions. Moins prévenue contre moi, vous jugerez mieux de la pureté de mes intentions; je n'ai dû voir dans votre lettre, qu'un généreux sacrifice à l'amitié que vous portez à votre sœur. Loin de vouloir m'en faire une arme contre vous, je vous la rends, madame; mon honneur vous répond du secret... la voici. (*il remet un papier.*)

MEHADA, *l'arrachant, et à part.*

Je ne te crains plus!...

MONTALBAN, *avec noblesse.*

Mon départ, que je fais presser, achèvera de dissiper toutes vos inquiétudes... Adieu, madame. (*il sort en la saluant respectueusement.*)

SCENE VII.

MÉHADA, *seule, en proie à toutes les passions.*

O comble d'outrage. . . . . il m'abandonne. . . . . plus d'amour! . . . . plus d'espoir! . . . . vengeance, je t'implore. . . Que le perfide, en cherchant à m'échapper, trouve la punition de ses mépris outrageans. (*pause.*) Loin de m'opposer à son départ, tâchons qu'il reçoive à son bord celle qu'il a pu me préférer; que des esclaves affidés le conduisent loin du port; et qu'à l'instant marqué pour ma vengeance, son vaisseau embrasé vole en éclats. . . . . qu'au milieu des débris fumans, mes victimes mutilées retombent et s'engloutissent dans les flots ! . . . . et que le perfide élément, plus soumis que l'ingrat qui me fuit, me rapporte ses restes inanimés. . . (*pause.*) Mais il est encore d'autres coups à porter pour ressaisir les rênes de l'État, que mon aveugle passion m'a fait laisser échapper. . . . . Frappons. . . . et puisque je suis condamnée à n'être point aimée, que l'ambition satisfaite vienne au moins me consoler des rigueurs de l'amour. . . . . Hâtons-nous d'instruire Ali. (*elle écrit sur des tablettes.*) que cet avis lui parvienne à l'instant. (*elle fait signe, un esclave paraît.*) Que ces tablettes soient remises entre les mains d'Ali; ta tête me répond d'une prompte obéissance. (*l'esclave sort.*) Tandis qu'au-dehors Ali va tout préparer, veillons dans l'enceinte de ce palais à assurer ma vengeance ! . . . . .

SCENE VIII.

DAHEN, MÉHADA.

DAHEN, *dans la coulisse.*

Hatez les apprêts de la cérémonie... bientôt la reine et moi nous nous rendrons à la mosquée.

MEHADA.

Quelqu'un vient !... c'est Dahen !... contraignons-nous en sa présence, et profitons du moment.

DAHEN.

Seule en ces lieux, madame; qui peut donc vous y retenir ?.. (*avec surprise.*) Mais, que vois-je ? vos traits sont altérés... une émotion violente paraît agiter votre ame... l'état où je vous vois semble annoncer quelque malheur...

MEHADA, *d'un ton sentimental affecté.*

Hélas, seigneur ! puisse le ciel vous en préserver... c'est l'espoir le plus cher à mon cœur... mais, que peuvent des vœux impuissans contre la perfidie la plus atroce, contre les trames les plus adroitement ourdies, que couvre le masque du dévouement et du respect ?

DAHEN, *surpris.*

Quel langage étonnant !... oserait-on me trahir ?... nommez-moi l'audacieux qui peut abuser de ma confiance ?

MEHADA.

O mon prince, vous obéir, c'est faire suspecter mon zèle; c'est m'exposer à encourir votre disgrace.

DAHEN, *vivement.*

Vous redoublez mes inquiétudes... parlez, madame, je l'exige.

MEHADA.

Eh bien! sachez donc que l'amiral français est l'ingrat que j'ose accuser devant vous.

DAHEN, *surpris.*

Vous m'étonnez!... l'amiral français!... Non, non, je ne puis croire que Montalban soit mon ennemi; tout me prouve le contraire. Au conseil il défendit mes intérêts avec la plus vive chaleur.... on vous trompe, madame.

MEHADA.

Plus que Montalban, seigneur, j'ai servi vos projets; mais j'ignorais alors quels étaient les siens... j'avais su lire au fond de votre ame, et pénétrer les sentimens que ma sœur vous inspirait.... le trône, sans votre cœur n'était plus rien pour moi, et j'ai sacrifié mes plus chers intérêts à votre félicité.

DAHEN, *froidement.*

Je veux croire à ces sentimens, madame; je saurai reconnaître tant de générosité..... mais, revenons au sujet qui vous cause d'aussi vives allarmes... Montalban, dites-vous, est le traître dont je dois me défier!... quels indices? quels témoins déposent contre lui?... achevez, où je serai tenté de croire que de fausses apparences ont pu vous abuser.

MEHADA.

Non, seigneur, je suis trop bien instruite: craignez plutôt que votre aveugle sécurité ne vous soit fatale... Apprenez que ce perfide étranger, que vous avez sauvé du naufrage, que vous avez, sans respect pour nos lois, accueilli dans votre palais, n'attend que l'instant favorable pour vous porter les plus terribles coups... par ses intrigues, il est parvenu à se faire un parti jusqu'au sein du sérail... cette jeune esclave française, que Zulmé comble de bienfaits, Clémentine, est l'ame de leurs complots. (*Dahen fait un mouvement.*) Eblouie par les promesses de l'amiral, par l'espoir de recouvrer sa liberté, et de se voir unie à Déterville, elle seconde tous leurs projets... Que vous dirai-je enfin? Zulmé, cette sœur chérie, cette tendre épouse, qui reçut mille attraits en partage, que la nature forma pour enflammer tous les cœurs...

DAHEN, *l'interrompant.*

Eh bien! Zulmé?...

MEHADA, *vivement.*

L'amiral français n'a pu la voir sans l'aimer; le seul nom de Zulmé le fait tressaillir; l'idée qu'un autre peut la posséder, suffit pour allumer son courroux... S'il a su se contraindre jusqu'à présent, s'il a servi vos projets, en aidant à placer Zulmé sur le trône, c'est qu'ils favorisaient les siens, et lui frayaient un chemin pour y monter lui-même... Ce zèle empressé qu'il vous témoigne, est le masque dont il couvre l'ambition qui le dévore et la passion effrénée qu'il nourrit dans son ame... Pour faire prendre le change sur ses criminels projets, ses compagnons et lui affectent de répandre en tous lieux le bruit de leur départ; leur ralliement est le signal de l'attaque qu'ils méditent contre vous.... Demain, ce soir, peut-être, il ne sera plus temps de déjouer leurs infâmes complots!... Victime d'une aveugle confiance, vous aurez tout perdu, le sceptre, votre épouse et la liberté!...

DAHEN, *anéanti.*

Quel tissu d'horreurs!... quoi! tant de perfidie sous les dehors de l'amitié!...

MEHADA, *à part, avec une joyeuse rage.*

Je triomphe! (*haut, et d'un ton pathétique.*) Dieu de Mahomet, éclaire un de tes plus fidèles croyans; fais qu'il découvre tous les forfaits de ce traître!

DAHEN.

(*indigné.*) Les forfaits de Montalban?... (*avec noblesse.*) Vous peignez un barbare, madame, et non pas un Français.

MEHADA.

Malgré sa noire ingratitude, si vous saviez ce qu'il m'en a coûté pour le démasquer à vos yeux?... mais les avis que j'ai reçus par des serviteurs affidés, n'étant que trop certains, j'ai dû tout braver pour sauver mon prince et l'État. (*on entend un coup de canon. Un officier entre.*)

DAHEN, *surpris.*

Quai-je entendu?

MEHADA, *surprise aussi, à part, avec joie.*

O bonheur inespéré!

DAHEN.

Quel est ce signal?....

MEHADA.

Celui de la trahison, sans doute.

DAHEN, *à part, mais haut.*

Quelle accablante incertitude!... aurai-je appris la vérité?... (*à l'officier.*) qu'on rassemble mes troupes; que tous les postes soient doublés; qu'on m'informe à l'instant de la cause de cette allarme. (*l'officier sort.*)

MEHADA.

(*à part.*) Profitons de ce moment de trouble, et sachons si mes ordres ont été fidèlement exécutés. (*haut, à Dahen, avec une douceur feinte.*) J'ai rempli mon devoir, seigneur; je cours où de puissans intérêts m'appellent: avant la fin du jour vous me rendrez plus de justice. (*elle sort en jetant des regards menaçans sur Dahen.*)

SCENE IX.

DAHEN, *flottant dans l'incertitude.*

DANS quelle perplexité me jettent d'aussi impénétrables discours!... Quel mystère couvre cette tardive révélation, et quels momens a-t-on choisi pour désigner un traître dans la personne de l'amiral français!... Serait-il en effet coupable, ou chercherait-on à m'entraîner dans de fausses démarches?... A travers l'apparente sincérité de Méhada, j'ai cru remarquer qu'elle jouissait de mon trouble... Plus je voulais m'instruire, et plus elle affectait de différer ses aveux... « Avant la fin du jour, dit-elle, vous » me rendrez plus de justice »... Que signifie ce langage?... tout, dans cette femme, m'est suspect... Que penser?... que résoudre?... (*pause.*) N'en doutons plus; Montalban, Zulmé sont innocens des crimes qu'on cherche à leur imputer... Que mes rivaux de gloire, jaloux de mes succès et de mon élévation, s'agitent dans l'ombre; que de vils courtisans, plus dangereux cent fois que mes ennemis déclarés, cherchent à m'inspirer une fausse sécurité, pour renverser plus facilement leur idole, il n'y a rien là que de probable..... Mais que Zulmé, que Montalban s'unissent à eux pour immoler leur bienfaiteur, cela est impossible... (*pause.*) Que dis-je?... quels soupçons s'emparent de mon ame?... Si Montalban avait touché le cœur de Zulmé?... si le sien répondait à son amour?... (*refléchissant.*) Quand je l'ai proclamée reine de Bantam, quand je lui ai fait l'offre de ma main, elle s'est évanouie... elle a fui ma présence... l'amiral paraissait accablé... (*avec l'accent de la douleur.*) Rapprochemens affreux!..... Méhada serait-elle bien informée?...

SCENE X.

DAHEN UN OFFICIER *de la garde.*

L'OFFICIER.

PRINCE, vos ordres sont exécutés.... l'amiral français demande à vous entretenir; permettez-vous qu'en ces circonstances?.....

DAHEN, *vivement.*

(*à part.*) Montalban demande à me parler!... ô Mahomet! je te rends grâces; tu n'as pas voulu que je trouvasse un coupable dans cet homme généreux!... (*à l'officier.*) Allez, qu'on l'introduise à l'instant. (*l'officier sort.*) Mes doutes sont éclaircis... mais il existe un affreux mystère qu'il faut chercher à découvrir.

SCENE XI.

DAHEN, MONTALBAN.

MONTALBAN, *d'un ton respectueux.*

PRINCE; pénétré de la plus vive reconnaissance, satisfait d'avoir pu vous prouver mon zèle, je viens prendre congé de votre auguste personne... déjà, pour rassembler mes compagnons, le canon s'est fait entendre.

DAHEN.

Un départ aussi prompt a lieu de me surprendre, amiral; quels motifs.....

MONTALBAN.

Mon devoir, prince; il faut qu'aujourd'hui même je quitte les États de mon bienfaiteur.

DAHEN, *l'observant.*

Comment! à l'instant des fêtes de mon hymen, du couronnement de Zulmé. (*il s'aperçoit du trouble de Montalban.*) Vous vous troublez, Montalban!... vous voulez me cacher vos peines. (*il le presse affectueusement dans ses bras.*) Il faut que je les partage.

MONTALBAN, *avec douleur.*

Elles sont de nature à n'être point adoucies.

DAHEN, *vivement ému.*

Un secret que vous cherchez à étouffer dans votre sein; l'accent de la douleur qui vous échappe; quelque chose d'extraordinaire qui se passe en ce moment dans mon palais; tout me fait concevoir des soupçons qu'il faut éclaircir... Parlez au sensible Dahen: ce matin, je vous ai ouvert mon cœur; maintenant, laissez-moi lire dans le vôtre.

MONTALBAN, *à part, mais haut.*

Je ne puis résister à tant de loyauté! (*à Dahen.*) Prince, jamais le remords n'assiégea mon cœur... mais un feu dévorant le consume. J'aime, et l'honneur me fait la loi de quitter les lieux où respire l'objet que j'adore... en servant votre flamme, j'ai su triompher de la mienne... que celle qui la fit naître l'ignore toujours!... Je vais m'arracher de sa présence.... il serait trop douloureux pour moi d'être le témoin d'une solennité...

DAHEN, *avec transport.*

Zulmé ne connait point ton amour!... (*à part, mais haut.*) Je respire!... Je retrouve à-la-fois un ami vertueux, une tendre épouse; je n'ai plus rien à désirer!... que dis-je?... (*à Montalban.*) Tu veux partir, brave Montalban.... ne puis-je donc te conserver encore quelque temps?... accorde-moi cette faveur, c'est Dahen qui t'en conjure.

MONTALBAN, *avec émotion.*

Je ne puis différer plus long-temps ce fatal départ.

DAHEN, *d'un ton ferme.*

Eh bien... apprends que mes jours sont menacés... que la calomnie t'accuse, et que ta présence seule peut dissiper des soupçons aussi mal fondés.

MONTALBAN, *avec dignité.*

Je ne répondrais que par le mépris à de lâches calomniateurs, et je partirais; mais il y va de votre vie, prince, je ne balance plus; je reste pour défendre les jours de celui qui a sauvé les miens.

DAHEN.

Généreux Montalban, contiens ta juste indignation... apporte dans ces circonstances le calme que joint à la valeur le guerrier français !... que je te doive mon bonheur et celui de tout un peuple que je chéris... qu'il ignore même jusqu'aux dangers qui le menacent !

SCENE XII.

LES PRÉCÉDENS, LE GRAND VISIR, *Gardes, Eunuques, Danseurs et Danseuses.*

LE GRAND VISIR.

Roi de Bantam, le peuple, instruit du choix que vous avez fait, demande à grands cris la sublime faveur de contempler sa reine : daignez satisfaire à sa vive impatience.

DAHEN.

Visir, cet empressement me flatte... bientôt ses vœux seront comblés... en attendant, que le sérail soit ouvert, que tout se livre à la joie dans mon palais... que les jeux et les plaisirs y renaissent sans cesse. (*il lève les yeux au ciel.*) fasse le ciel que ce jour assure ici la paix et le bonheur. (*il sort avec Montalban ; les gardes les suivent.*)

FIN DU SECOND ACTE.

ACTE TROISIÈME.

Le théâtre représente l'intérieur des jardins du palais, fermés par des parapets, par-dessus lesquels on découvre un vaisseau en rade ; dans le fond, un site montueux, terminé par une forteresse donnant sur la mer.

SCENE PREMIERE.

MÉHADA, ALI, *puis* CLÉMENTINE *et* DÉTERVILLE.

MEHADA, *à Ali.*

Si ton rapport est fidèle, Ali, je puis compter sur une heureuse réussite ; fais exécuter ponctuellement les derniers ordres que je viens de te donner, et tiens-toi au poste indiqué, jusqu'au moment du signal convenu. Le jour est bientôt sur son déclin ; encore quelques heures, et la face de l'État sera changée.

ALI.

Fiez-vous à mon zèle, à ma prudence, et comptez-moi, princesse, au nombre de vos plus dévoués serviteurs. (*il sort. Méhada le conduit jusqu'auprès des parapets, et lui montre, en parlant bas, plusieurs points importans, tels que la forteresse, le vaisseau en rade, etc. Clémentine et Déterville entrent.*)

CLEMENTINE, *à Déterville, pendant que Méhada est occupée avec Ali.*

Fut-il jamais une plus infâme trahison ?... de grâce, Déterville, contraignez-vous, promettez-tout, et comptez sur moi pour vous seconder.

MEHADA, *revenant à Déterville.*

Avant que vous quittiez cette île, brave Français, je veux donner à votre amiral une preuve éclatante de ma bienveillance et de mon estime, en vous communiquant un projet qu'il n'appartient qu'à vous et à Montalban de mettre à exécution.... Votre départ inattendu, les dangers qui nous menacent, le parti violent qu'il faut prendre pour les empêcher de nous accabler, nécessitent l'entretien que je vous ai fait demander. La cause qu'il faut embrasser est digne de vous ; il s'agit de sauver le royaume de

Bantam...

Bantam... Nos faibles courtisans, incapables de servir l'État en ces momens de crise, ne savent que briguer les faveurs, sans s'occuper de les mériter. Les Français, au contraire, vaillans, désintéressés, ne voient que la gloire et l'honneur, seuls mobiles de leurs actions. Je ne chercherai point à vous éblouir par de brillantes promesses : il est un seul prix, digne de votre grand cœur... c'est la main de Clémentine. Je connais votre amour, et j'approuve une union que je veux protéger... Je lui rends la liberté, et je prétends la combler de bienfaits.

DETERVILLE.

(*à part.*) Comme elle masque sa perfidie ! (*haut.*) Croyez, madame, qu'il n'est rien que l'amiral et moi n'entreprenions pour signaler notre zèle en cette circonstance.

CLEMENTINE, *feignant de prendre les intérêts de Méhada.*

Que les lois de ce royaume sont sages et prévoyantes ! elles assurent une partie du pouvoir à la première princesse du sang, lui imposent l'obligation de veiller au bonheur des êtres les plus faibles : les femmes sont particulièrement placées sous sa domination... Eh ! dans quelles mains le sort a-t-il remis d'aussi chers intérêts !... dans celles de Méhada !... d'une princesse qui veut s'immortaliser par des sacrifices étonnans que vous allez connaître.

MEHADA, *d'un air faux.*

Ils sont bien cruels pour moi, ces sacrifices ; mais ils sont indispensables ! Long-temps la nature a combattu dans mon cœur... l'intérêt général l'emporte ! connaissez la grandeur des périls qui nous environnent... Zulmé vient d'être placée sur le trône ; le peuple voit avec peine un choix illégal arraché au conseil : on murmure... on s'agite... tout fait présager les horreurs d'une guerre civile... il faut éteindre le foyer d'un si terrible fléau... je dis plus, il faut que l'objet de la discorde disparaisse : voilà la tâche pénible que je m'impose, mais que je ne puis achever sans vous et l'amiral français !... il aime Zulmé, je le sais... Déterminez-le donc à recevoir sur son bord la princesse que j'aurai soin d'y faire conduire, ainsi que Clémentine.

DETERVILLE.

Mais, madame, avez-vous pu penser que Dahen ?...

MEHADA, *l'interrompant.*

Ne redoutez rien d'un coup aussi hardi ; soldats, forteresse, tout est à ma disposition !... partez, et que cette nuit, ma prudence et votre courageuse résolution décident du sort de l'État !

DETERVILLE, *avec fermeté, prenant un parti.*

Vous nous avez bien jugés, madame ; contribuer au bonheur du peuple, est pour nous un devoir. Pourrions-nous reconnaître autrement l'hospitalité généreuse que nous reçûmes à Bantam ?... Je cours instruire l'amiral de ce que nous avons à faire en ces périlleuses circonstances. (*il la salue respectueusement.*) (*à part, en s'en allant.*) Et je reviens avec lui sauver nos illustres bienfaiteurs. (*il sort en saluant respectueusement Méhada, et faisant des signes d'intelligence à Clémentine.*)

SCENE II.

MÉHADA, CLÉMENTINE.

CLEMENTINE.

Vous le voyez, princesse; Déterville saisit avec empressement l'occasion de vous témoigner son zèle et sa reconnaissance; et l'amiral a montré des sentimens trop généreux, pour qu'on ne le voie pas seconder vos projets.

MEHADA.

D'aussi importans services ne resteront pas sans récompense... mais Zulmé vient, éloignes-toi, il faut que je sois seule avec elle.

CLEMENTINE.

J'obéis. (*à part, en regardant Zulmé qui arrive.*) Courons nous joindre à ses libérateurs. (*elle sort.*)

SCENE III.

MÉHADA, ZULMÉ, ALI, *Esclaves.*

ZULMÉ, *étonnée.*

PRINCESSE, que me voulez-vous?.. Pourquoi me faire conduire par des esclaves en cet endroit écarté, et pourquoi vous dérober aux fêtes qui se préparent, lorsqu'on n'attend plus que votre présence et la mienne, pour commencer l'imposante cérémonie?

MEHADA, *aux esclaves.*

Eloignez-vous, et soyez prêts au moindre signal. (*à Zulmé.*) Je conçois, Zulmé, que le lieu de cette entrevue, et le mystère dont je veux la couvrir, ont droit de vous surprendre; mais, c'est Méhada qui vous parle, vous devez bannir toute crainte... Votre bonheur seul m'occupe... pendant qu'il en est temps encore, il faut écarter l'orage prêt à fondre sur nos têtes, et faire tous les sacrifices que l'impérieuse nécessité commande... J'ai pris des mesures pour assurer votre tranquillité et celle de l'État.

ZULMÉ, *froidement.*

Je sens tout le prix de vos soins, princesse, mais je ne crois point l'Etat en danger; et le choix qu'il a fait de moi pour partager le trône de Bantam, m'est un sûr garant de ma tranquillité.

MEHADA, *avec feu.*

Et c'est ce choix précipité qui m'allarme... les résolutions prises à la hâte, ont souvent des conséquences funestes!

ZULMÉ.

Ce matin, princesse, vous ne me les aviez pas fait prévoir...

rassurez-vous ; je ne me servirai de l'ascendant de ma nouvelle dignité que pour répandre des bienfaits, et je n'aurai jamais d'autres vues que le bonheur du peuple.

MEHADA, *ironiquement.*

De pareils sentimens mériteraient les plus grands éloges, si Dahen possédait votre cœur.

ZULMÉ, *avec une naïve modestie.*

Ne me croyant point destinée à l'honneur de lui appartenir, mon cœur en effet, n'a point encore parlé pour lui ; mais l'estime aisément peut conduire à l'amour.

MEHADA.

Je ne vous croyais pas susceptible de tant de dissimulation. (*avec colère.*) Vous m'avez trompée, Zulmé...

ZULMÉ.

Moi !... que vous êtes injuste !

MEHADA.

Injuste ?... non, princesse, vous ne m'abuserez pas plus long-temps... Vous aimez ; mais ce n'est point Dahen.

ZULMÉ, *fièrement.*

Et qui donc, madame ?

MEHADA.

Montalban, l'amiral français !

ZULMÉ, *indignée.*

Ciel !...

MEHADA.

Vous ne pouvez vous en défendre, Montalban vous adore !

ZULMÉ, *douloureusement.*

Cruelle ! que dites-vous ?

MEHADA, *vivement.*

Ce que lui-même vient de m'apprendre.

ZULMÉ, *se cachant le visage de ses deux mains.*

Vous me faites frémir !

MEHADA, *toujours vivement.*

L'aveu vous échappe...

ZULMÉ.

Puis-je dire que je l'aime, lorsque je regarde comme un crime le penchant que vous avez pour lui ?... Je le répète, j'estime le roi de Bantam, et tous mes devoirs se renferment dans les titres d'épouse et de reine.

MEHADA, *avec fiel.*

Vous ne les possédez pas encore !

ZULMÉ, *noblement.*

Qui peut me les disputer ?

MEHADA, *furieuse.*

Moi !...

ZULMÉ.

Vous !... (*avec abandon.*) Ah ! reprenez une couronne que vous m'avez forcé d'accepter, et conservez-moi le cœur de Méhada... je ne puis supporter le poids de votre haîne.

MEHADA.

Qui vous parle de haine?... je vous l'ai dit; l'intérêt de l'Etat l'emporte sur tout : il faut un sacrifice.

ZULMÉ, *se jetant dans ses bras.*

Ma sœur!...

MEHADA, *la repoussant.*

L'amante d'un perfide étranger, n'est plus à mes yeux qu'une criminelle. (*aux eunuques.*) Que l'on exécute mes ordres. (*Ali et les esclaves saisissent Zulmé qui leur échappe, et vient encore se jeter dans les bras de sa sœur : celle-ci la repousse de nouveau. On l'entraîne en étouffant ses cris.*)

SCENE IV.

MÉHADA, *seule.*

Elle est en mon pouvoir, hâtons ma vengeance!

SCENE V.

MÉHADA, ALI.

ALI, *effrayé.*

Princesse, l'amiral s'avance vers ces lieux... des Français armés l'accompagnent.

MEHADA, *étonnée.*

Armés!... je suis trahie!... (*après une courte pause.*) Rejoins mes partisans, et que le canon, grondant du haut de ces remparts, soit le signal de la vengeance. (*il sort en courant.*)

SCENE VI.

MÉHADA, DAHEN, *entrant d'un côté à la tête de ses gardes*, MONTALBAN, *de l'autre, à la tête des Soldats français.*

DAHEN, *aux gardes.*

Que l'on cherche Zulmé. (*à Méhada.*) Madame, qu'est devenue votre sœur?... Répondez, ou craignez mon courroux!

MONTALBAN.

Il est temps de rompre le silence, madame; je deviendrais coupable en ne m'opposant point à vos criminels projets; je les connais tous, et je viens sauver Dahen, Zulmé, ou périr avec eux.

MEHADA.

Oses-tu bien, traître, tenir un pareil langage, quand c'est toi qui fais enlever la princesse?... (*mouvement de Montalban.*)

(*à Dahen.*) Prince, pouvez-vous me demander votre épouse, quand vous voyez ce traître se présenter armé au milieu de votre palais? Voilà, seigneur, voilà les effets de votre aveugle crédulité!... je vous l'avais prédit... Mais les momens sont précieux; je cours sauver la princesse. (*elle sort en lançant des regards terribles sur Dahen et Montalban.*)

SCENE VII.

DAHEN, *gardes*, MONTALBAN, *troupes.*

DAHEN, *étonné.*

MÉHADA vous accuse, et vous ne répondez point, Montalban!... seriez-vous, en effet, coupable d'une aussi lâche trahison?

MONTALBAN, *avec fierté.*

Si vous pouviez le soupçonner, vous ne sauriez me faire un plus cruel affront!... mais vous êtes malheureux!... je vous plains, et j'oublie votre injure..... Instruit par Clémentine de l'infame complot de Méhada, je venais tout braver pour vous garantir des périls qui vous menacent, tandis que Déterville dispute Zulmé à ses lâches ravisseurs. (*regardant ses soldats.*) nous avions tous juré de mourir pour vous défendre, et c'est vous qui nous accusez!...

DAHEN, *avec abandon.*

Pardonnez, amis; ma raison s'égare en ce fatal moment!... Volons au secours de ma chère Zulmé.

SCENE VIII.

LES PRÉCÉDENS, LE GRAND VISIR, *Seigneurs, partisans de Dahen.*

LE GRAND VISIR.

PRINCE, sur le bruit des dangers que vous courez, j'ai rassemblé vos plus fidèles sujets; nous accourons tous nous ranger autour de votre personne, et vous faire un rempart de nos corps.

MONTALBAN.

Ne craignez rien, seigneur. (*en montrant les partisans du roi.*) Aidés de ces braves, nous saurons repousser et punir de vils assassins... (*à un officier de sa troupe.*) Vous, ami, frayez-vous un passage, et secondez les efforts du courageux Déterville.

SCENE IX.

ACTION.

Dahen, Montalban et le Visir se mettent à la tête des troupes; ils sortent au son du pas de charge: le canon gronde pendant toute l'action. Les partisans de Méhada sortent de la forteresse; sur le chemin montueux qui y conduit, on voit Zulmé que des esclaves entraînent. Déterville, le sabre en main, vient à leur rencontre, frappe un esclave, le culbute, et le fait rouler dans la mer; il arrache Zulmé des mains d'Ali, le combat, le tue, et met les autres en fuite. Les ordres de Méhada sont exécutés, le feu prend au vaisseau, et les débris volent en éclats dans les airs. Déterville sauve Zulmé, arrive dans les jardins du sérail, la tenant sur un bras, et toujours le sabre à la main; il dépose la princesse évanouie sur un banc de gazon, où il la croit en sûreté, et va rejoindre Montalban et ses compagnons. Méhada, furieuse, égarée, traverse le jardin à la tête de ses conjurés; surprise d'apercevoir Zulmé qu'elle croyait à bord du vaisseau que l'on vient de voir sauter, elle court sur elle, le poignard à la main; au moment où elle va la frapper, Dahen, Montalban, et tous les personnages arrivent. Montalban arrache le poignard de la main de Méhada; le grand Visir s'empare d'elle et la fait garder à vue. Dahen prend Zulmé dans un bras, et lève l'autre vers le ciel, comme pour le remercier. Tableau. *Ils disent l'un après l'autre, et vivement:*

DAHEN.

Zulmé respire!

MONTALBAN.

Elle est sauvée!

MEHADA.

Je suis trahie!

DETERVILLE.

Le perfide Ali vient de tomber sous mes coups!

MONTALBAN, *à Méhada.*

Femme cruelle! comment avez-vous pu méditer tant de forfaits?

MEHADA.

Je n'ai qu'un seul regret, c'est qu'ils ne soient point accomplis... (*à Clémentine.*) Perfide! c'est à toi que je dois la honte d'avoir échoué dans mes projets; mais je te poursuivrai tant qu'il me restera la moindre puissance.

DAHEN, *hors de lui.*

Qu'on la charge de fers!

ZULMÉ, *se jetant aux genoux de Dahen.*

Ah, prince! épargnez ma sœur.

DAHEN, *furieux.*

Non, non !...

MONTALBAN, *à Dahen.*

Prince, faites grâce à cette femme égarée ; le pardon est la vengeance des grands cœurs.

MEHADA.

C'est accroître mon supplice ; qu'on me donne la mort !

DAHEN, *aux gardes.*

Délivrez-nous de son odieuse présence.

Les Eunuques s'emparent de Méhada.

MEHADA, *se débattant.*

Je saurai m'affranchir du joug insupportable de la vie. (*on l'entraîne.*)

DAHEN, *à Zulmé.*

Chère princesse, vous m'êtes rendue !... ô bonheur sans égal !... (*à Montalban.*) Généreux Montalban, comment pourrai-je m'acquitter de tant de bienfaits?

MONTALBAN.

En m'accordant la liberté de Clémentine. Vous lui devez bien plus qu'à moi, le tribut d'une juste reconnaissance ; que sa main, autrefois promise à mon ami, soit le prix des services importans qu'ils vous ont rendus en ce jour.

DAHEN, *avec joie.*

Qu'ils soient heureux !... (*contemplant les deux héros français.*) Vaillans Français, qui peut donc vous placer ainsi au-dessus des autres hommes?

DETERVIELE, *avec feu.*

L'amour, prince !... ce noble sentiment électrise nos ames, fait naître les actions héroïques...

MONTALBAN, *l'interrompant vivement.*

Et souvent fait place à la tendre amitié...

CLEMENTINE, *à Dahen.*

Roi de Bantam, voilà les Français !

DAHEN, *avec enthousiasme.*

Dis plus... les modèles du monde !

Les troupes françaises, celles de Bantam, se mêlent avec le peuple, et se livrent à la joie. BALLET *varié et analogue à la situation ; la danse est vive et tumultueuse ; elle est mêlée d'évolutions militaires. La toile tombe.*

FIN DU TROISIÈME ET DERNIER ACTE.

www.ingramcontent.com/pod-product-compliance
Lightning Source LLC
LaVergne TN
LVHW020628110826
845149LV00004B/1099

* 9 7 8 2 0 1 9 2 0 3 3 0 6 *